Matthias Fiedler

Idee van de innovatieve immobiliënmatching: Immobiliënbemiddeling eenvoudig gemaakt

Immobiliënmatching: De efficiënte, eenvoudige en professionele immobiliënbemiddeling door een innovatief immobiliënmatchingportaal

Impressum

1ste uitgave.als boekwerk | februari 2017
(oorspronkelijk verschenen in de Duitse taal, december 2016)

© 2016 Matthias Fiedler

Matthias Fiedler
Erika-von-Brockdorff-Str. 19
41352 Korschenbroich
Duitsland
www.matthiasfiedler.net

Productie en druk:
zie indruk op de laatste pagina

Covervormgeving: Matthias Fiedler
Opmaak van het E-book: Matthias Fiedler

Alle rechten voorbehouden.

ISBN-13 (paperback): 978-3-947082-30-8
ISBN-13 (E-book mobi): 978-3-947082-31-5
ISBN-13 (E-book epub): 978-3-947082-32-2

Bibliografische informatie van de Deutschen Nationalbibliothek (Duitse Nationale Bibliotheek): De Deutsche Nationalbibliothek (Duitse Nationale Bibliotheek) stelt deze publicatie te boek in de Deutschen Nationalbibliografie (Duitse Nationale Bibliografie); gedetailleerde bibliografische gegevens kunnen op het Internet via http://dnb.d-nb.de opgeroepen worden.

INHOUDSOPGAVE

In dit boek wordt een revolutionair concept voor een wereldwijd immobiliënmatchingportaal (App – Applicatie) met berekening van het aanzienlijk omzetpotentieel (miljarden Euro) verklaard, hetwelk in een immobiliënmakelaarssoftware inclusief immobiliënschatting geïntegreerd wordt (miljarden Euro omzetpotentieel).

Hierdoor kunnen private en voor commerciële doeleinden bestemde onroerende goederen, als eigenaar bewoond of verhuurd, efficiënt en tijdsbesparend bemiddeld worden. Dit is de toekomst van de innovatieve en professionele immobiliënbemiddeling voor alle immobiliënmakelaars en -geïnteresseerden. De immobiliënmatching functioneert in nagenoeg alle landen en zelfs landsoverschrijdend.

In plaats van onroerende goederen naar de koper of huurder „te brengen“, worden bij het immobiliënmatchingportaal geïnteresseerden in onroerende goederen gekwalificeerd (zoekprofiel) en met de te bemiddelen roerende goederen van de immobiliënmakelaar vergeleken en verbonden.

INHOUD

VOORWOORD

In 2011 heb ik dit hier beschreven idee van de innovatieve immobiliënmatching doordacht en ontwikkeld.

Sedert 1998 ben ik in de immobiliënsector bedrijvig (o.a. immobiliënbemiddeling, aan- en verkoop, schatting, verhuur en perceelontwikkeling). Ik ben onder andere Master in immobiliën (IHK), gediplomeerd immobiliëneconoom (ADI) en expert voor immobiliënschatting (DEKRA) alsook lid van de internationaal erkende immobiliënvereniging van de Royal Institution of Chartered Surveyors (MRICS).

Matthias Fiedler

Korschenbroich, 31.10.2016

www.matthiasfiedler.net

1.   Idee van de innovatieve immobiliënmatching: Immobiliënbemiddeling eenvoudig gemaakt

Immobiliënmatching: De efficiënte, eenvoudige en professionele immobiliënbemiddeling door een innovatief immobiliënmatchingportaal

In plaats van onroerende goederen naar de koper of huurder „te brengen", worden bij het immobiliënmatchingportaal (App – Applicatie) geïnteresseerden in onroerende goederen gekwalificeerd (zoekprofiel) en met de te bemiddelen onroerende goederen van de immobiliënmakelaar vergeleken en verbonden.

2. Doelstellingen van geïnteresseerden in onroerende goederen en immobiliënaanbieders

Vanuit het oogpunt van een immobiliënverkoper en –verhuurder is het belangrijk zijn onroerend goed snel en tegen de hoogst mogelijke prijs te verkopen resp. te verhuren.

Vanuit het oogpunt van een koop- en huurgeïnteresseerde is het belangrijk een onroerend goed naar zijn wens te vinden alsook snel en probleemloos te kunnen kopen resp. huren.

3. Huidige handelwijze bij het zoeken naar onroerende goederen

In de regel bekijken geïnteresseerden onroerende goederen in hun gewenste regio op de grote immobiliënportalen op het Internet. Daar kunnen zij zich onroerende goederen resp. een lijst met respectievelijke links naar onroerende goederen per e-mail laten toesturen wanneer zij een kort zoekprofiel aangemaakt hebben. Vaak gebeurt dit bij 2-3 immobiliënportalen. Aansluitend worden de aanbieders in de regel per e-mail gecontacteerd. Hierdoor krijgen de aanbieders de mogelijkheid en de toelating zich in verbinding te stellen met de geïnteresseerden.

Bijkomend worden door de geïnteresseerden afzonderlijk immobiliënmakelaars in de gewenste regio gecontacteerd en telkens het zoekprofiel voorgelegd.

Bij de aanbieders op de immobiliënportalen gaat het om private en industriële aanbieders.

Industriële aanbieders zijn overwegend immobiliënmakelaars en deels bouwondernemingen, immobiliënhandelaars en andere immobiliënvennootschappen (in de tekst worden industriële aanbieders als immobiliënmakelaars genoemd).

4. Nadeel private annbieder / Voordeel immobiliënmakelaar

Bij te koop aangeboden onroerende goederen is van de zijde van de private verkoper niet atijd een directe verkoop gegarandeerd, omdat bijvoorbeeld bij een geërfd onroerend goed geen akkoord tussen de erfgenamen is of de verklaring van het erfrecht ontbreekt. Verder kunnen niet opgehelderde rechterlijke thema's zoals onder andere een woonrecht, een verkoop bemoeilijken.

Bij te huur aangeboden onroerende goederen kan het voorkomen dat private verhuurders vergunningen vanwege de overheid niet in hun bezit hebben, bijvoorbeeld, wanneer een onroerend goed bestemd voor commerciële doeleinden (-terreinen) als woning verhuurd dient te worden.

Wanneer een immobiliënmakelaar als aanbieder optreedt, heeft deze de voornoemde aspecten in de regel in orde gebracht. Verder zijn vaak alle relevante documenten betreffende het onroerend goed (grondplan, situatieplan, energievergunning, kadaster, documenten van de overheid, etc.) reeds aanwezig. – Hiermee is een verkoop of een verhuur snel en zonder verwikkelingen mogelijk.

5. Immobiliënmatching

Om een matching tussen geïnteresseerden en verkopers resp. verhuurders snel en efficiënt te laten gebeuren, is het algemeen belangrijk, een gesystematiseerde en professionele aanpak aan te bieden.

Dit gebeurt hier door een omgekeerd gerichte handelwijze resp. verloop bij het zoeken en vinden tussen immobiliënmakelaars en geïnteresseerden. Dit betekent, in plaats van onroerende goederen naar de koper of huurder „te brengen“, worden bij het immobiliënmatchingportaal (App – Applicatie) geïnteresseerden in onroerende goederen gekwalificeerd (zoekprofiel) en met de te bemiddelen onroerende goederen van de immobiliënmakelaar vergeleken en verbonden.

In de eerste stap maken de geïnteresseerden een concreet zoekprofiel op in het immobiliënmatchingportaal. Dit zoekprofiel bevat ca. 20 kenmerken. Onder andere de volgende kenmerken (geen volledige opsomming) zijn wezenlijk voor het zoekprofiel.

- Regio/ Postcode/ Plaats
- Soort object
- Perceelgrootte
- Woonoppervlak
- Koop-/ huurprijs
- Bouwjaar
- Verdieping
- Aantal kamers
- Verhuurd (ja/ neen)
- Kelder (ja/ neen)
- Balkon/ Terras (ja/ neen)
- Soort verwarming
- Garage (ja/ neen)

Belangrijk is hierbij de kenmerken niet vrij in te voeren, doch via het aanklikken resp. openen van het respectievelijke kenmerkveld (bv. soort object) uit een lijst met voorgegeven mogelijkheden/ opties (bv. bij soort object: Woning, Eengezinswoning, Opslaghal, Bureau…) te selecteren.

Optioneel kunnen door de geïnteresseerden bijkomende zoekprofielen opgemaakt worden. Een wijzigen van het zoekprofiel is eveneens mogelijk.

Bijkomend worden door de geïnteresseerden de volledige contactgegevens in de voorgegeven velden ingevoerd. Dit zijn naam, voornaam, straat, huisnummer, postcode, plaats, telefoon en e-mail.

In dit verband geven de geïnteresseerden hun toestemming voor contactopname en het toezenden van passende onroerende goederen (beschrijvingen) van de zijde van de immobiliënmakelaar.

Verder sluiten de geïnteresseerden met de exploitant van het immobiliënmatchingportaal een overeenkomst.

In de volgende stap staan de zoekprofielen via een programmeerinterface (API – Application Programming Interface) – vergelijkbaar met bijvoorbeeld de programmeerinterface „openimmo" in Duitsland – de aangesloten immobiliënmakelaar, nog niet zichtbaar, ter beschikking. Hierbij dient aangemerkt dat deze programmeerinterface – quasi de sleutel voor de omzetting – nagenoeg elke in de praktijk werkende immobiliënmakelaarssoftware ondersteunt resp. de overdracht garandeert. Zoniet dient dit technisch mogelijk gemaakt te worden. – Omdat er reeds programmeerinterfaces, zoals de bovengenoemde programmeerinterface „openimmo" en andere programmeerinterfaces in de praktijk werken, dient een overdragen van het zoekprofiel mogelijk te zijn.

Daarna vergelijkt de immobiliënmakelaar zijn ter bemiddeling staande onroerende goederen met de zoekprofielen. Hiervoor worden de onroerende goederen in het immobiliënmatchingportaal ingebracht en de respectievelijke kenmerken vergeleken en verbonden.

Na succesvolle vergelijking is er een matching met de overeenkomstige aangifte in procent. – Vanaf een matching van bijvoorbeeld 50% worden de zoekprofielen in de immobiliënmakelaarssoftware zichtbaar.

De afzonderlijke kenmerken worden hierbij met mekaar afgewogen (puntensysteem), zodat men na een vergelijken van de kenmerken een percentage verkrijgt voor de matching (waarschijnlijkheid van overeenstemming). – Het kenmerk „Soort object" heeft bijvoorbeeld een hogere afweegwaarde dan het kenmerk

„Woonoppervlak". Bijkomend konden bepaalde kenmerken (bv. kelder) geselecteerd worden, die dit onroerend goed dient te hebben.

In het kader van de vergelijking van de kenmerken voor de matching dient erop gelet te worden, de immobiliënmakelaars de toegang tot de door u gewenste (geboekte) regio's te geven. Dit vermindert de inspanningen voor de gegevensvergelijking. De respectievelijke immobiliënmakelaar ageert zeer vaak regionaal. – Hierbij dient aangemerkt te worden dat door de zogenaamde „Cloud" een opslaan en verwerking van grote gegevenshoeveelheden op vandaag mogelijk is.

Om een professionele immobiliënbemiddeling te garanderen krijgen enkel immobiliënmakelaars toegang tot de zoekprofielen.

Hiervoor sluiten de immobiliënmakelaars met de exploitanten van het immobiliënmatchingportaal een overeenkomst af.

Na de respectievelijke vergelijking/ matching mogen de immobiliënmakelaars de geïnteresseerden en omgekeerd de geïnteresseerden de immobiliënmakelaars contacteren. Dit betekent ook, wanneer de immobiliënmakelaar de geïnteresseerden een beschrijving toegezonden heeft, is een actiebewijs resp. de aanspraak van de immobiliënmakelaar op de makelaarsprovisie ingeval van een verkoop of verhuur gedocumenteerd.

Dit veronderstelt dat de immobiliënmakelaar van de zijde van de eigenaar (verkoper of verhuurder) met de bemiddeling van het onroerend goed belast is of dat er een akkoord aanwezig is om het onroerend goed te mogen aanbieden.

6. Toepassingsbereiken

De hier beschreven immobiliënmatching is toepasbaar voor onroerende goederen voor verkoop en verhuur in de wonings- en industriële immobiliënsector. Voor onroerende goederen bestemd voor commerciële doeleinden zijn overeenkomstig bijkomende kenmerken van het onroerend goed vereist.

Van de zijde van de geïnteresseerden kan het, zoals in de praktijk gebruikelijk, ook een immobiliënmakelaar zijn, wanneer deze bijvoorbeeld in opdracht van klanten handelt.

Ruimtelijk gesproken kan het immobiliënmatchingportaal op nagenoeg elk land overgedragen worden.

7. Voordelen

Deze immobiliënmatching biedt grote voordelen voor de geïnteresseerden, wanneer zij bijvoorbeeld in hun regio (woonplaats) of bij een beroepswissel in een andere stad/ regio daar een onroerend goed zoeken.

Zij maken slechts eenmaal hun zoekproefiel aan en krijgen van de in de gewenste regio werkbaar zijnde immobiliënmakelaars passende onroerend goederen toegezonden.

Voor de immobiliënmakelaar bieden zich hierdoor grote voordelen, wat de efficiëntie en tijdsbesparing voor de verkoop resp. de verhuur betreft.

Zij krijgen onmiddellijk een overzicht van hoe hoog het potentieel van concreet geïnteresseerden is voor de telkens door hun aangeboden onroerend goederen.

Verder kunnen de immobiliënmakelaars hun relevante doelgroep, die zich door het aanmaken van een zoekprofiel concrete gedachten over het onroerend goed naar hun wens gemaakt hebben, direct aanspreken (o.a. toezending van de beschrijvingen van het onroerend goed).

Hierdoor verhoogt de kwaliteit aan contactnames met geïnteresseerden, die weten wat zij zoeken. Daardoor vermindert het aantal hierop volgende bezichtigingsafspraken. – Hiermee vermindert de totale marketingstijdsruimte voor het te bemiddelen onroerend goed.

Aansluitend aan de bezichtiging van het te bemiddelen onroerend goed door de geïnteresseerden gebeurt – zoals gebruikelijk – het afsluiten van een koop- of huurovereenkomst.

8. Voorbeeldberekening (potentieel) – enkel woningen en huizen bewoond door de eigenaar (zonder verhuurde woningen en huizen alsook onroerende goederen bestemd voor commerciële doeleinden)

In het volgende voorbeeld wordt duidelijk welk potentieel het immobiliënmatchingportaal heeft.

In een gebied met 250.000 inwoners, zoals de stad Mönchengladbach, zijn er statistisch gezien ongeveer 125.000 gezinnen (2 bewoners per gezin). Het gemiddelde percentage verhuizingen bedraagt ca. 10%. Daardoor verhuizen per jaar 12.500 gezinnen. – Het saldo voor binnen- en wegtrekken naar resp. uit Mönchengladbach werd hierbij niet in aanmerking genomen. – Hiervan zoeken ca. 10.000 gezinnen (80%) een onroerend goed te huur en ca. 2.500 gezinnen (20%) een onroeredn goed te koop.

Volgens het marktbericht van percelen van het evaluatieteam van de stad Mönchengladbach waren er in 2012 2.613 gevallen van aankoop van onroerend goed. – Dit bevestigt het voornoemde getal van 2.500 koopgeïnteresseerden. Dit zullen er daadwerkelijk meer zijn, omdat bijvoorbeeld niet elke geïnteresseerde zijn onroerend goed gevonden zal hebben. Naar schatting wordt het aantal daadwerkelijk geïnteresseerden resp. concreet het aantal zoekprofielen dubbel zo hoog zijn als het gemiddelde percentage verhuizingen van ca. 10%, namelijk 25.000 zoekprofielen. Dit houdt onder andere in dat de geïnteresseerden meerdere zoekprofielen in het immobiliënmatchingportaal aanmaken.

Vermeldenswaard is nog dat tot nog uit de ervaring blijkt dat ongeveer de helft van alle geïnteresseerden (kopers en huurders) hun onroerend goed gevonden heeft via een immobiliënmakelaar, dus in totaal 6.250 gezinnen.

Uit de ervaring blijkt dat minstens 70% van alle gezinnen via immobiliënportalen op het Internet gezocht heeft, dus in totaal 8.750 gezinnen (stemt overeen met 17.500 zoekprofielen).

Zouden 30% van alle geïnteresseerden, dat betekent, 3.750 gezinnen (stemt overeen met 7.500 zoekprofielen) in een stad zoals Mönchengladbach, hun zoekprofiel bij het immobiliënmatchingportaal (App – Applicatie) aanmaken, konden de aangesloten immobiliënmakelaars per jaar door 1.500 concrete zoekprofielen (20%) koopgeïnteresseerden en door 6.000 concrete zoekprofielen (80%) huurgeïnteresseerden hun passende onroerende goederen aanbieden.

Dat betekent, bij een gemiddelde zoekduur van 10 maanden en een prijs van bijvoorbeeld 50 € per maand voor elk aangemaakt zoekprofiel door de geïnteresseerden geeft dit voor 7.500 zoekprofielen een omzetpotentieel van 3.750.000 € per jaar in een stad met 250.000 inwoners.

Bij een prognose voor de Bondsrepubliek Duitsland met afgerond 80.000.000 (80 miljoen) inwoners geeft dit een omzetpotentieel van 1.200.000.000 € (1,2 miljard €) per jaar. – Zouden in plaats van 30% van alle geïnteresseerden bijvoorbeeld 40% van alle geïnteresseerden hun onroerend goed via het immobiliënmatchingportaal zoeken, verhoogt het omzetpotentieel tot 1.600.000.000 € (1,6 miljard €) per jaar.

Dit omzetpotentieel heeft enkel betrekking op door de eigenaar bewoonde woningen en huizen. Onroerende goederen te huur resp. opbrengstimmobiliën in de sector onroerende goederen als woonst en de volledige sector onroerende goederen bestemd voor commerciële doeleinden zijn in deze potentiële berekening niet begrepen.

Bij een aantal van ca. 50.000 ondernemingen in Duitsland in het bereik van de immobiliënbemiddeling (inclusief betrokken bouwondernemingen, immobiliënhandelaars en andere immobiliënvennootschappen) met ca. 200.000 werknemers en een aandeel van bijvoorbeeld 20% van deze 50.000 onernemingen, die dit immobiliënmatchingportaal met gemiddeld 2 licenties gebruiken, geeft dit bij een prijs van bijvoorbeeld 300 € per maand per licentie een omzetpotentieel van 72.000.000 € (72 miljoen €) per jaar. Verder dient een regionale boeking te gebeuren voor de elders geplaatste zoekprofielen, zodat hier al naargelang de vormgeving verder aanzienlijk omzetpotentieel gegenereerd kan worden.

De immobiliënmakelaars dienen door dit grote potentieel aan geïnteresseerden met concrete zoekprofielen hun eigen gegevensbank van geïnteresseerden – in zoverre voorhanden – niet meer permanent te actualiseren. Vooral dit aantal actuele zoekprofielen zal het aantal van de vele immobiliënmakelaars in hun gegevensbank aangemaakte zoekprofielen zeer waarschijnlijk overtreffen.

Wanneer dit innovatieve immobiliënmatchingportaal in meerdere landen toepassing zou vinden, zouden bijvoorbeeld koopgeïnteresseerden uit Duitsland een zoekprofiel voor vakantieappartementen op het Middellandse Zee-eiland Mallorca (Spanje) aanmaken en de op Mallorca aangesloten immobiliënmakelaars kunnen dan het telkens passende appartement voor hun Duitse geïnteresseerden per e-mail voorstellen. – In zoverre de toegezonden beschrijvingen in het Spaans geschreven zijn, kunnen op vandaag de geïnteresseerden op Internet met ondersteuning van vertaalprogramma's de tekst op korte tijd in het Duits laten vertalen.

Om de matching van zoekprofielen en de te bemiddelen onroerende goederen taaloverschrijdend te kunnen realiseren, kan in het immobiliënmatchingportaal een vergelijking van de respectievelijke kenmerken op basis van de geprogrammeerde (mathematische) kenmerken – los van de taal – gebeuren en de respectievelijke taal wordt aansluitend toegevoegd.

Bij gebruik van het immobiliënmatchingportaal op alle continenten zou het voornoemde omzetpotentieel (enkel zoekgeïnteresseerden) door zeer vereenvoudigde prognose als volgt voorgesteld worden.

Wereldbevolking:

7.500.000.000 (7,5 miljard) inwoners

1. Bevolking in industrielanden en mogelijke industrielanden:

2.000.000.000 (2,0 miljard) inwoners

2. Bevolking in landen met een opkomende economie:

4.000.000.000 (4,0 miljard) inwoners

3. Bevolking in ontwikkelingslanden:

1.500.000.000 (1,5 miljard) inwoners

Het jaarlijkse omzetpotentieel van de Bondsrepubliek Duitsland ten bedrage van 1,2 miljard € bij 80 miljoen inwoners wordt met volgende aangenomen factoren op de industrielanden, landen met opkomende economie en ontwikkelingslanden omgerekend resp. voorlopig berekend.

1. Industrielanden: 1,0

2. Landen met opkomende economie: 0,4

3. Ontwikkelingslanden: 0,1

Hiermee krijgt men het volgende jaarlijkse omzetpotentieel (1,2 miljard € x bevolking (industrielanden, landen met opkomende economie en ontwikkelingslanden) / 80 miljoen inwoners x factor).

1. Industrielanden: 30,00 miljard €

2. Landen met opkomende economie: 24,00 miljard €

3. Ontwikkelingslanden: 2,25 miljard €

Totaal: **56,25 miljard €**

9. Conclusie

Met dit voorgestelde immobiliënmatchingportaal bieden zich voor de naar onroerende goederen zoekenden (geïnteresseerden) en immobiliënmakelaars beduidende voordelen.

1. De geïnteresseerden verminderen duidelijk de tijd voor het zoeken naar geschikte onroerende goederen, omdat de geïnteresseerden hun zoekprofiel slechts eenmaal aanmaken.

2. De immobiliënmakelaars krijgen een volledig overzicht over het aantal geïnteresseerden met reeds concrete wensen (zoekprofiel).

3. De geïnteresseerden krijgen enkel gewenste resp. passende onroerende goederen (volgens zoekprofiel) van alle immobiliënmakelaars voorgesteld (quasi een automatische voorselectie).

4. De immobiliënmakelaars verminderen hun inspanningen voor het onderhouden van hun individuele gegevensbank voor zoekprofielen, omdat een zeer hoog aantal actuele zoekprofielen permanent ter beschikking staat.

5. Omdat enkel industriële aanbieders/ immobiliënmakelaars aan het immobiliënmatchingportaal aangesloten zijn, hebben de geïnteresseerden met professionele en vaak ervaren immobiliënbemiddelaars te maken.

6. De immobiliënmakelaars verminderen het aantal bezichtigingsafspraken en aldus ook de marketingduur. Op zijn beurt vermindert ook van de zijde van de geïnteresseerden het aantal bezichtigingsafspraken en de tijd tot het afsluiten van de koop- of huurovereenkomst.

7. De eigenaars van de te verkopen en te verhuren onroerende goederen besparen eveneens tijd. Verder is er een geringere leegstand bij te verhuren onroerende goederen en een snellere betaling van de koopprijs bij te verkopen onroerende goederen door een snellere verhuur resp. verkoop en hierdoor ook een financieel voordeel.

Met de realisatie resp. omzetting van dit idee van immobiliënmatching kan een gevoelige stap vooruit bereikt worden in de immobiliënbemiddeling.

10. Integratie van het immobiliënmatchingportaal in een nieuwe immobiliënmakelaarssoftware inclusief immobiliënschatting

Als afronding kan resp. zou het hier beschreven immobiliënmatchingportaal van bij het begin een wezenlijk bestanddeel van een nieuwe – ideaal beschouwd wereldwijd bruikbare – immobiliënmakelaarssoftware zijn. Dit betekend, de immobiliënmakelaars kunnen ofwel het immobiliënmatchingportaal bijkomend bij hun gebruikelijke immobiliënmakelaarssoftware of ideaal de nieuwe immobiliënmakelaarssoftware inclusief immobiliënmatchingportaal gebruiken.

Door de integratie van dit efficiënte en innovatieve immobiliënmatchingportaal in een eigen immobiliënmakelaarssoftware wordt een fundamenteel monopolistisch kenmerk geschapen, hetwelk wezenlijk zou zijn voor het doordringen in de markt.

Omdat in de immobiliënbemiddeling de immobiliënschatting altijd een wezenlijk bestanddeel is en blijft, dient in de immobiliënmakelaarssoftware beslist een immobiliënschattingstool geïntegreerd te worden. De immobiliënschatting met de overeenstemmende berekeningswegen kan op de relevante gegevens/ parameters uit de ingevoerde/ aangemaakte onroerende goederen van de immobiliënmakelaar gebeuren door deze met elkaar te verbinden. Eventueel ontbrekende parameters vervolledigt de immobiliënmakelaar door zijn eigen regionale marktexpertise.

Verder zou het in de immobiliënmakelaarssoftware de mogelijkheid bieden zogenaamde virtuele rondleidingen in de te bemiddelen onroerende goederen te integreren. Dit zou bijvoorbeeld aldus vereenvoudigd omgezet kunnen worden, waarbij een bijkomende App (applicatie) voor mobiele telefoon en/of tablet ontwikkeld wordt, dat na succesvolle opname van de virtuele rondleiding in het onroerend goed dit in overwegende mate automatisch in de immobiliënmakelaarssoftware integreert resp. verbind.

In zoverre het efficënte en innovatieve immobiliënmatchingportaal in een nieuwe immobiliënmakelaarssoftware en immobiliënschatting verbonden wordt, verhoogt hierdoor het mogelijke omzetpotentieel nogmaals gevoelig.

Matthias Fiedler

Korschenbroich, 31.10.2016

Matthias Fiedler

Erika-von-Brockdorff-Str. 19

41352 Korschenbroich

Duitsland

www.matthiasfiedler.net